JARGON
OU LANGAGE
DE L'ARGOT RÉFORMÉ

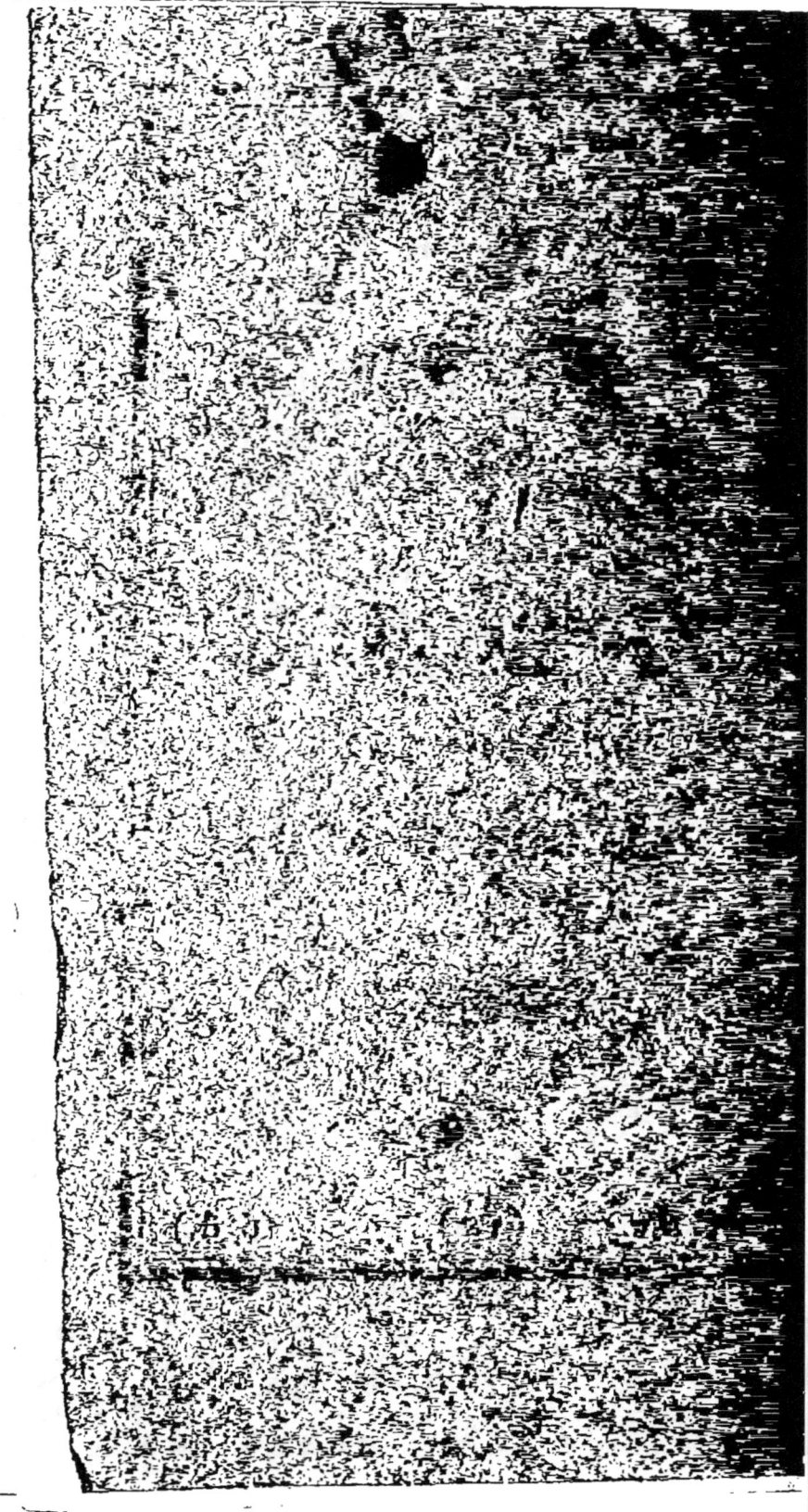

LE
JARGON
OU LANGAGE
DE L'ARGOT RÉFORMÉ,

A L'USAGE DES MERCIERS, PORTE-
BALLES ET AUTRES.

*Tiré et recueilli des plus fameux Argotiers
de ce temps.*

Par M. B. H. D. S. Archi-suppôt de
l'Argot.

NOUVELLE ÉDITION,

Corrigée et augmentée de tous les mots
qui n'étaient point dans les précédentes
éditions.

MONTBÉLIARD,
A LA LIBRAIRIE DE DECKHERR FRÈRES
1848

L'ORIGINE DES ARGOTIERS.

L'ANTIQUITÉ nous apprend, et les docteurs de l'Argot nous enseignent qu'un roi de France ayant établi des foires à Niort, Fontenay et autres lieux du Poitou, plusieurs personnes voulurent se mêler de la mercerie; pour remédier à cela, les vieux merciers s'assemblèrent, et ordonnèrent que ceux qui voudraient à l'avenir être merciers, se feraient recevoir par les anciens, nommant et appelant les petits marcelots, pêchons, les autres, melotiers-hure. Puis ordonnèrent un certain langage entr'eux, avec quelques cérémonies pour être tenues par les professeurs de la mercerie. Il arriva que plusieurs merciers mangèrent leurs balles; néanmoins ils ne laissèrent pas d'aller aux susdites foires, où ils trouvèrent grande quantité de pauvres gueux, et gens sans aveu, desquels ils s'accostèrent, et leur apprirent leur langage et cérémonies. Des gueux, réciproquement, leur enseignèrent charitablement à mendier. Voilà d'où sont sortis tant de braves et fameux Argotiers, qui ordonnèrent l'ordre qui suit.

ORDRE

ou

HIÉRARCHIE

DE L'ARGOT.

Premièrement ordonnèrent et établirent un chef ou général, qu'ils nommèrent un grand-Coëre : quelques-uns le nommèrent roi de Tunes, qui est une erreur : c'est qu'il y a eu un homme qui a été grand-Coëre trois ans, qu'on appelait roi de Tunes, qui se faisait traîner par deux grands chiens dans une petite charette, lequel a été exécuté dans Bordeaux pour ses méfaits. Et après ordonnèrent dans chaque province un lieutenant, qu'ils nommèrent Cagou, les archi-suppôts de l'Argot, les narquois, les orphelins, les millards, les marcandiers, les malingreux, les capons, les piètres, les francs-mitoux, les callots, les sabuleux, les hubins, les coquillards, les courtauds de boutanches et les convertis, tous sujets du grand Coëre, excepté les narquois, qui ont secoué le joug de l'obéissance.

DICTIONNAIRE ARGOTIQUE,
Dressé par ordre alphabétique.

A.

Abbaye,	four.
Abbaye ruffante,	four chaud.
Abbaye de monte-à-regret,	une potence.
Abour,	sas ou tamis.
Aboudier,	sassier.
Ablouquir,	acheter.
Aboule,	viens.
Abouler,	venir.
Aboulez,	venez.
Accoerrer,	accommoder ou arranger.
Affur,	profit.
Affûter,	tromper.
Affurer,	gagner.
Agathe,	fayence.

Amadoue, c'est de quoi les Argotiers se servent pour se faire devenir jaunes et paraître malades.

Amadoué,	marié.
Amadouage,	mariage.
Amadouer,	marier.
Ambier,	fuir.
Andosse,	le dos.
Angauche,	une oie.
Antifle,	marche.
Antroler,	emporter.
Apic,	ail.

Apôtre,	doigt.
Aquiger,	prendre.
Arbalêtre,	croix.
Archi-suppôt,	docteur.
Artie,	pain.
Artie de Meulans,	pain blanc.
Artie de gros Guillaume,	pain bis.
Artie de grimaut,	pain moisi.
Astic,	acier.
Attache,	boucle.
Attrimer,	prendre.
Atilles,	testicules.
Avergots,	œufs.

B.

Babillard,	livre ou ministre.
Babillarde,	lettre ou épitre.
Babiller,	lire.
Babillandier,	libraire.
Barbaudier,	portier.
Barbaudier du Castu,	gardien d'hôpital.
Barbillons de Varenne,	navets.
Bachasse,	galère.
Bacou,	cochon.
Bagoul,	nom.
Bagouler,	nommer.
Balauder,	mendier.
Balle,	livre de seize onces.
Bandru,	fil.
Banquiste,	opérateur.
Bar-de-tire,	un bas de chausse.
Basourdir,	abattre.

Basourdi,	abattu.
Basourdie,	abattue.
Batouze,	toile.
Batouze toute battante,	toile neuve.
Batouzier,	tisserand.
Battu,	Coëuti.
Baucher,	moquer.
Baude,	vérole.
Baudrouillé,	filé.
Baudrouiller,	filer.
Bauge,	coffre.
Bazenne,	amadou.
Béquille,	potence.
Béquillé,	pendu.
Bellander,	aller demander l'aumône.
Berlu,	aveugle.
Bertelo,	vingt sols.
Biard,	cé.
Bier,	aller.
Bige, ignorant. Bijois,	imbécille.
Bigard,	trou.
Bigarder,	percer.
Bigardé,	percé.
Bigardée,	percée.
Bigorne,	langage de l'Argot.
Billemon,	billet.
Bille,	argent.
Bit,	partie honteuse d'une femme.
Binelle,	faillite.
Binelle-lophe,	banqueroute.
Bion,	employé dans les gabelles.
Blavin,	mouchoir.

Blot,	prix.
Bonde,	la maladie de Naples.
Bonicard,	vieux homme.
Bonicarde,	vieille femme.
Bouffarde,	pipe.
Bouffarder,	fumer.
Boule,	foire.
Bouis,	le fouet.
Bouiser,	fouetter.
Bourgeois,	bourg.
Boutanche,	boutique.
Berbuante,	une bague.
Brêmes,	cartes.
Branque,	âne.
Bras,	grand.
Brasse,	grande.
Brasset,	gros.
Brassette,	grosse.
Bricard,	escalier.
Bricmon,	briquet.
Bridé,	fermé.
Bridée,	fermée.
Brider,	fermer.
Bringeants,	cheveux.
Bringeante,	perruque.
Broquante,	troque.
Broquanter,	troquer.
Broque,	un liard.
Broquille,	bague.
Brutus,	Bretagne.
Butre,	plat.

C.

Cabrer, fâcher.	se cabrer, se fâcher.
Cachemite,	cachot.
Cafarde,	tasse.
Cageton,	banneton.
Cagou,	lieutenant du grand Coëre.
Calain,	vigneron.
Calabre,	teigne.
Calot,	teigneux.
Calotte,	teigneuse.
Calvine,	vigne.
Calvins,	des raisins.
Calviner,	vendanger.
Calvineur,	vendangeur.
Calvinier,	vignobles.
Cambriole,	chambre.
Cambroux,	garçon domestique.
Cambrouse,	servante.
Camelotte,	marchandise.
Camelotter,	marchander.
Camplouse,	campagne.
Camuse,	une carpe.
Canard,	fausse relation.
Canton,	prison.
Cantonnier,	prisonnier.
Cape,	écriture.
Capelon,	un carolus.
Capine,	écritoire.
Capir,	écrire.
Capon,	écrivain.
Carant,	planche.
Carante,	table.
Carge,	balle.

Carme,	miche.
Cartaud,	imprimerie.
Cartaudé,	imprimé.
Cartauder,	imprimer.
Cartaudier,	imprimeur.
Cassant,	noyer.
Cassantes,	des noix, noisettes.
Casser,	couper.
Caste de charrue,	un quart d'écu.
Casser la henne,	couper la bourse.
Castion,	chapon.
Castu,	hôpital.
Cavée,	église.
Charmand,	galleux.
Charmande,	galleuse.
Charmante,	galle.
Chasse-noble,	coquin.
Chassue,	aiguille.
Chassure,	urine.
Chenastre,	admirable.
Chenu,	bon.
Chenue,	bonne.
Chican,	marteau.
Chiquer,	battre.
Civade,	avoine.
Civard,	herbage.
Cive,	herbe.
Claviné,	cloué.
Clavinée,	clouée.
Claviner,	clouer.
Clavinier,	cloutier.
Clavin,	clou.

Couard,	membre viril.
Coëre, le grand	le roi de l'Argot ou le maitre des gueux.
Coire,	ferme ou métairie.
Comberge,	confesse.
Comberger (se),	se confesser.
Combergé,	confessé.
Combergeante,	confession.
Combergo,	confessionnal.
Comble,	un chapeau.
Commode,	cheminée.
Combriez,	pièce de vingt sols.
Comte du canton,	un geôlier.
Conce de castu,	celui qui porte les saletés de l'hôpital à la rivière.
Condé,	permission.
Conombrer,	connaître.
Coquillard,	pélerin.
Corbuche,	ulcère.
Corbuche-lophe,	ulcère faux.
Cornant,	bœuf.
Cornante,	vache.
Cornet d'épice,	capucin.
Cornière,	étable.
Coste,	la mort.
Cosne,	auberge.
Coton,	dommage.
Coulant,	lait.
Coulante,	laitue.
Courbe,	épaule.
Courbe de morue,	épaule de mouton.
Craquelin,	menteur.

Cres,	vîte.
Crespinière,	beaucoup.
Creuse,	gorge.
Creux,	la maison ou le logis.
Cribler,	crier.
Cribleur,	crieur.
Cric-croc,	à ta santé.
Crie,	viande.
Crôme,	crédit.
Crône,	écuelle.
Crônée,	écuellée.
Crottes d'hermite,	des poires cuites.
Culbute,	culotte.

D.

Dabugal,	royale.
Dabuche,	roi.
Dandiller,	sonner.
Dandillon,	cloche.
Daronne,	maîtresse.
Davône,	prune.
Débin,	dispute.
Débiner,	disputer.
Débridé, ée,	ouvert, te.
Débrider,	ouvrir.
Défargué,	déchargé.
Défarguer,	décharger.
Défrusquiné, ée,	déshabillé, ée.
Défrusquiner,	déshabiller.
Désâtiller,	châtrer.
Destuc,	de moitié.
Détacher le bouchon,	couper la bourse.

Doublage,	larcin.
Doublé, ée,	volé, ée.
Doubler,	voler.
Doubleur,	voleur.
Doubleuse,	voleuse.
Dousse,	fièvre.
Doussin,	plomb.
Doussiné, ée,	plombé, ée.
Doussiner,	plomber.
Drague,	chirurgien.
Droguer,	demander.
Dure,	pierre ou terre.
Durin,	fer.
Duriné, ferré.	Durinée, ferrée.
Duresme,	du fromage.

E.

Eau-d'affe,	eau-de-vie.
Ecoute,	oreille.
Embauder,	prendre de force.
Embarras,	drap de lit.
Empave,	carrefour.
Encensoir,	fressure.
Endroguer,	chercher à faire fortune.
Engrailler,	attrapper.
Engrailler l'ornie,	prendre la poule avec un hain.
Entervé,	entendu.
Enterver,	entendre.
Entonne,	chapelle.
Epouser la faucaudière,	jeter ce que l'on a pris.

Epouser la veuve,	être pendu à une potence.
Esbigner,	s'en aller.
Escarner,	ôter.
Escare,	empêchement.
Escaré,	empêché.
Escarer,	empêcher.
Esclot,	sabot.
Estio,	esprit.

F.

Fafio de sec,	vrai certificat.
Fafio l'offre,	faux certificat.
Fanandell,	camarade.
Fargue,	charge.
Fargué,	chargé.
Farguée,	chargée.
Farguer,	charger.
Fée,	amour.
Féesant,	amoureux.
Féesante,	amoureuse.
Felouse,	pochette.
Ficher,	bailler.
Ficher la colle,	c'est mentir adroitement.
Ficher la colle gourdement,	c'est être bon trucheur en perfection.
Flamberge,	épée.
Flanquer,	mettre.
Fleurant,	bouquet.
Flouart,	jeu.
Flouer,	jouer.
Floueur,	joueur.
Floutière,	rien.

Foncer,	donner.
Fondant,	du beurre.
Fondante,	beurrée.
Forêt mont-rubin,	un cloaque de ville.
Fortin,	poivre.
Fortinière,	poivrière.
Fralin,	frère.
Fraline,	sœur.
Franc, *bas*, Franche,	basse.
Franchir,	baisser.
Frana-mijou,	faux malade.
Francillon,	français.
Frémillante,	assemblée.
Frémion,	violon.
Frétillante,	danse.
Frétiller,	dans.
Frétille,	de la paille.
Frimouse,	physionomie.
Froisseux,	traître.
Frolant,	médisant.
Frolante,	médisante.
Froler,	médire.
Froler sur la balle,	médire de quelqu'un.
Frusque,	habit.
Frusquiné,	veste.
Frusquiner,	habiller.

G.

GALIENNE,	écurie.
Galier,	cheval.
Galière,	cavale.
Galouser,	chanter.

Galtron,	poulain.
Game,	rage.
Gance,	clique.
Garde-Proye,	garde-robe.
Gaulé,	cidre.
Gaux,	poux.
Georget,	gilet.
Gi,	oui.
Gibre,	le membre viril de l'homme.
Girole,	soit.
Gître,	j'ai.
Glace,	verre à boire.
Gller,	diable.
Gonze,	homme.
Gonzesse,	femme.
George,	étui.
Goteur,	paillard.
Goinfre,	chantre.
Goualeur,	chanteur.
Gouasante,	chanson.
Goulu,	puits.
Goupline,	une pinte.
Gour plein de pivois,	un pot de vin.
Gour pline,	plainte.
Gourdement,	beaucoup.
Gouré, ée,	trompée, ée.
Gourer,	tromper.
Goureur,	trompeur.
Goureuse,	trompeuse.
Grain,	écu.
Graisser,	gratter.
Grand-bonnet,	évêque.

Gratter,	raser.
Gratou,	rasoir.
Gratoir,	barbier.
Gratouse,	dentelle.
Gratousé,	dentelé.
Gratousée,	dentelée.
Greffier,	chat.
Grenafe,	une grange.
Grenu,	du blé.
Grenue,	de la farine.
Genuche,	de l'avoine.
Gressier,	dérober subtilement.
Grie,	froid.
Grielle,	froide.
Griffonnier,	jurer.
Griffoneur,	jureur.
Gripie,	meunier.
Gris, cher.	Grise, chère.
Grive,	guerre.
Guenaud,	sorcier.
Guenaude,	sorcière.
Guenette,	peur.
Gueulard,	bissac.
Gueularde,	poche.

H.

Habin, chien.	Habine, chienne.
Habiner,	mordre.
Habiné,	mordu.
Habin engamé,	chien enragé.
Halot,	soufflet.
Haloter,	souffler.

Haloteur,	souffleur.
Halotier,	souffleter.
Henne ou bouchon,	la bourse.
Happer le taillis,	s'enfuir habilement.
Haut-de-tire,	haut-de-chausse.
Havre ou grand Havre,	Dieu.
Herplis,	liards.
Homicide,	hiver.
Honnête,	printemps.
Huîtres de Varenne,	fèves.
Huré,	riche.
Hus-mus,	grand-merci.

I.

Icigo,	ici.
Impôt,	automne.
Ire tu picté ce luisant ?	as-tu bu cejourd'hui?
Itrer,	avoir.

J.

Jaffier,	jardin.
Jaffin,	jardinier.
Jâlo,	chaudronnier.
Jasante,	prière.
Jaser,	prier.
Jaspin,	oui.
Jaune,	été.
Javard,	lin.
Jergole,	Normand.
Jergolier,	Normandie.
Jiroble,	joli ou jolie.
Jonc,	or.
Jonché, ée,	doré, ée.
Joncher,	dorer

Joncheur,	doreur.
Jouste,	proche.

L.

Lance,	l'eau.
Lasse,	la vie.
Lamine,	le Mans.
La morphe,	onguent.
Lampie,	le repas.
Lancer,	pisser.
Landier,	blanc.
La pousse,	la maréchaussée.
Laumi,	perdu.
Laumie,	perdue.
Laumir,	perdre.
Lermond,	étaim.
Lermoné,	étamé.
Lermonée,	étamée.
Lermoner,	étamer.
Lescailler,	pisser de l'eau.
Lime,	chemise.
Lingre,	couteau.
Longe ou longue,	année.
Longé,	âge.
Louche,	cuiller.
Louchée,	cuillerée.
Lourdaud,	portier.
Lourde,	porte.
Luisard,	soleil.
Luisarde,	lune.
Luisant,	jour.
Luisante,	fenêtre.
Luque,	image.

Lusquin, *charbon.* Lusquines, *cendres.*
Luquet, *faux certificat.*
Lustre, *juge.*
Lustré, ée, *jugé, ée,*
Lustrer, *juger.*

M.

Malingre, *malade.*
Maltaise, *louis d'or.*
Mandolet, *pistolet.*
Manquiller, *faire.*
Marque, *fille.* Marquant, *un homme.*
Marquise, *une femme.*
Maraille, *le peuple ou monde.*
Marcandier, ière, *marchand, ande.*
Marmouse, *barbe.*
Marmouset, *pot ou marmite.*
Mathurin, *dés à jouer.*
Matignon, *messager.*
Matouas, *matin.*
Méruché, ée, *poêlé, ée.* Méruchon, *poêlon.*
Meche, *moitié.*
Melet, *petit,* Melette, *petite.*
Menestre, *soupe.*
Menée, *douzaine,* Mezière, *moi.*
Millerie, *loterie.*
Mion, *garçon.* Mion de boule, *filou.*
Minois, *nez,* Mineur, *manceau.*
Mitron, *boulanger.*
Mirquin, *bonnet.*
Molanche, *laine.*
Monfier, *baiser.*
Morfiaute, *assiette.* Morfier, *manger.*

Mornante, *bergerie*.   Morne, *mouton*.
Mornée, *bouchée*.
Mornier, *berger*,   Mornière, *bergère*.
Mouchard, *tableau*.   Mouche, *mousseline*.
Mouchailler, *regarder*.
Mouillante, *morve*.
Mouloir, *bouche*.
Mousse, *excrément*.   Mousser, *chier*.
Mousserie, *latrine*.
Moussard, *châtaignier*, Moussue, *châtaigne*.
Mouvante, *bouillie*.
Mouzu, *téton ou mamelle*.
Muron, *sel*   Muronner, *saler*.
Muronnier, *saumier*, Muronnière, *salière*.

N.

Narquois, *soldat*.
Niberle, *non*.
Nisette, *olive*.
Nivet, *chanvre*, Nivette, *chenevière*.
Nonjon, *poisson*.
Nombril, *midi*.
Nouzailles, *nous*.

O.

Occasion, *chandelier*.
Organe, *faim*.
Olivet, *oignon*.
Ornie, *poule*, Ornie de balle, *poule d'Inde*.
Ornion, *chapon*, Ornichon, *poulet*.
Orphelins, *gens sans aveu*.
Orphie, *oiseau*.
Orval, *terre*.   Ovale, *huile*.

P.

Pagant ou palot,	paysan.
Paclin,	pays.
Pacmon,	paquet ou ballot.
Papelard,	papier.
Paladier,	pré.
Palpitant,	cœur.
Parc,	théâtre.
Paroufle, *paroisse*,	Parent, *paroissien*.
Parfon,	pâte.
Pasquelin,	enfer.
Passier,	soulier.
Pâturon,	pied.
Peccavi,	péché.
Pelard, *foin*,	Pelarde, *faux*.
Pelouet, *loup*,	Pelouette, *louve*.
Pente,	poire.
Petouse,	pistole.
Pharaut,	noble gouverneur de ville.
Piau, *lit*,	Piausser, *coucher*.
Picter, *boire*,	Picte, *boit*.
Picoure,	haie ou épine.
Pied,	sol.
Pignard ou proie,	cul.
Pinçant,	ciseaux.
Pingre,	pauvre.
Pilier,	maître.
Pinet,	denier.
Pioler, *tavernier*,	Piole, *taverne*.
Piolet, *gobelet*,	Pion, *ivre*.
Pipet,	château.
Piquantine,	puce.

Pivaste, *enfant.*
Pivois, *vin,* Pivois savonné, *vin blanc.*
Pivois vermeisé, *vin rouge.*
Pivois citron, *vinaigre.*
Platue, *galette.*
Planquer, *cacher.*
Plette, *psau,* Plouse, *paille.*
Poisse, *fripon.*
Prônier ou patron, *père,* Prônière, *mère.*
Profonde, *cave.*
Pongne, *main.*
Poussier, *poudre.*
Priante, *messe,* Priant, *chapelet.*
Ponifle ou magnuce, *une putin.*

Q.

Quille, *feuille.*
Quimper, *tomber,* Quimpé, *tombé.*
Quoque, *de même.*
Quoqué, *pris.* Quoquée, *prise.*
Quoquard, *arbre.*
Quoquante, *armoire.*
Quoqueret, *rideau.*
Quoquille, *bête.*
Queniente, *pas ou point.*

R.

Rablage, *rente.*
Rade, *pièce.*
Radurer, *remoudre,* Radureur, *remouleur.*
Rago, *quinze sols.*
Rame, *plume.*
Rapatu, *morpion.*
Ratichou, *peigne,* Ratichonné, *peigné.*

Ratichonner, peigner.
Rasé, prêtre. Razi, curé.
Recordé, tué, Recorder, tuer.
Regon, dettes, Regonser, devoir.
Rêne, grondeur.
Renâcher, fromage.
Reng, cent.
Reluis, yeux.
Repoussant, fusil.
Riffauder, chauffer.
Riffaudeur, chauffeur.
Rifle, feu. Rifler, brûler.
Rigolant, riant. Régolante, riante.
Rigoleur, rieur. Rigoleuse, rieuse.
Rigoler, rire.
Rigole, bonne chère.
Riole, rivière.
River, commettre l'acte charnel.
Rome, choux.
Rond, sol. Romboiné, sol marqué.
Rondache, musette.
Rondelets, tétons.
Rondine, boule.
Rossignante, flûte, Rossignol, haut-bois.
Roveau, archer.
Rouâtre, lard, Rouâtré, trer, lardé, der.
Rouen, prévôt de la maréchaussée.
Rouillarde, bouteille.
Roulant, pois. Roulante, charette.
Roupiller, dormir. Roupilleur, dormeur.
Roupilleuse, dormeuse.
Rouscailler, parler.

Rouscaillante, la langue.
Rublin, ruban. Rude, crin.
Rupin, bourgeois. Rupine, dame.
Rusquin, un écu.
Rustu, greffe. Rustique, greffier.

S.

Sabre, aune. Sabrer, auner.
Sabrieux, voleur de bois.
Sabreur, auneur.
Sable, estomac.
Sacre, sergent.
Salbin, serment. Salbiner, prêter serment.
Salbrenaud, cordonnier ou savetier.
Sale, gris. Souple, bleu. Salin, jaune.
Saliverne, écuelle ou salade.
S'amadouer, se marier.
Sapin, plancher ou grenier.
Sapin du muron, grenier à sel.
Sarpillière, robe.
Savonné, blanc.
Satou, bois ou baton.
Sezière, soi, lui ou elle.
Siante, chaise. Sinqui, cela.
Sitrin, noir.
Sitron, aigre.
Six broque, va-t-en.
Solir, vendre. Solissant, vendant.
Solisseur, vendeur. Solisseuse, vendeuse.
Solz, ventre.
Sorgue, nuit. Sorne, noir.
Stafer, dire. Stafé, dit.
Stron, septier.

Stuq, *part*, Stuquer, *partager*.
Subtil, *dur*. Subtile, *dure*.

T.

Tabar, *manteau*.
Talbine, *halle*, Talbinier, *hallier*.
Talbin, *huissier*, Talbiner, *assigner*.
Taq, *haut*, Taque, *haute*.
Taquine, *hauteur*, Taquer, *hausser*.
Tuile, *bourreau*.
Tampe, *fleur-de-lis*.
Tenante, *chopine*.
Tetue, *épingle*.
Tezière, *toi*.
Trune, *aumône*.
Tirant, *lacet*, Tirante, *jarretière*.
Tirou, *route pavée*.
Tollard, *bureau*.
Toque, *montre*, Toquante, *heure*.
Tortillard, *fil de fer ou fil de laiton*.
Tortouse, *corde*.
Toupie, *putain*.
Toupin, *boisseau*, Toupinier, *boisselier*.
Toupiner, *mesurer au boisseau*.
Tournante, *clef*.
Tourné, *mol*, Tournée, *molle*.
Tourniquet, *moulin*.
Toutime, *tout*.
Tranchant, *pavé*.
Trichart, *pont*.
Triffois, *tabac*, Triffoissière, *tabatière*.
Trimar, *chemin*, Trimer, *cheminer*.
Trimoire, *jambe*.

Argot.

Trique,	dent.
Troller,	porter.
Tronche,	tête.
Turbin, *travail*.	Turbiner, *travailler*.
Turbineur,	travailleur.
Turbineuse,	travailleuse.
Turc, *Tourangeau*.	Turcan, *Tours*.
Turin,	pot de terre.
Turquie,	Touraine.

V.

Vain, *mauvais*.	Value, *mauvaise*.
Velours,	cuir.
Venne,	honte.
Verdouse, *pomme*.	Verdousier, *pommier*.
Vergogne,	colère.
Vergne,	ville.
Vermois, *sang*.	Vermoisé, *rouge*.
Vice-rase,	vicaire.
Vousaille,	vous.

Z.

Zerver,	crier ou pleurer.

Addition au dictionnaire.

Débrider la lourde sans tournante, c'est ouvrir la porte sans clef.

Déflotter la picouse, c'est ôter le linge de dessus les haies.

Happons les taillis, on crie au vinaigre sur nouzaille, c'est-à-dire, fuyons on crie au voleur après nous.

Sigris, bronesse ou bouzolle, *c'est il grêle, il fait froid.*

La tronche m'a guigère fremi, *c'est la tête me fait mal.*

La picoure est fleurie, *c'est la lessive ou le linge est étendue sur la haie.*

Que de baux la muraille enterve, *c'est prenez garde on entend ce que vous dites.*

La lourde est bridée, *la porte est fermée.*

Le marmouzet riffode, *le pot bout.*

Le pivois batoche, *le vin est bas.*

La crie corne, *la chair est puante.*

Le glier t'entrolle en son pasquelin, *c'est le diable t'emporte en enfer.*

Pour ôter le scrupule que quelques-uns pourraient avoir de ce qu'on n'use plus de beaucoup de mots qui étaient en usage en l'ancien jargon, c'est que les archi-suppôts, qui sont les écoliers débauchés, mouchaillant que trop de marpeaux intervaient, retranchèrent les mots suivans:

Premièrement, la tête, on la nommait calle, à présent c'est la tronche. Un chapeau, on le nommait place, à présent c'est un comble. Les pieds on les nommait trotins, à présent des pâturons. Un manteau, c'était un volant, à présent c'est un tabar ou tabarin. Du potage s'appelait de la lafle, à présent c'est de la menestre. Une chambrière se nommait limogère, à présent c'est une cambrouze. Un chemin, on l'appelait pelé, à présent c'est un trimar. Manger, c'était briffer ou goulfier, à présent c'est morfier. Une écuelle se nommait crolle, à présent saliverne. Une fressure se nommait pire, à présent encensoir. Manneau, c'était-à-dire moi, à présent c'est mezière ou mezingaud. Tonnant, c'était-à-dire toi, à présent on dit tezière ou bien tezingand.

Des états généraux.

Pour affermir l'état de cette monarchie argotique, les Argotiers ordonnèrent de tenir par chaque an les états généraux, pour aviser aux affaires de l'état, qui étaient tenus anciennement jouste la Vergne de Fontenay le Comte, et à présent translatés en Languedoc; parce que ce chenastre Pharaut du Languedoc, Anne de Montmorency, a fiché une grande somme de michons, pour être employée tous les ans, la semaine-sainte, pour fouquer à morphe à toutime les Argotiers qui se confesseront et communieront le jeudi-saint et prieront le grand Havre pour sezière. En laquelle convocation et assemblée desdits états furent arrêtés et accordés les articles suivans.

Articles accordés aux Etats généraux.

Premierement a été ordonné qu'aucun marpaut ne soit admis ni reçu pour être grand Coëre, qu'il n'ait été cagou ou archi-suppôt.

II. Qu'aucun Argotier ne soit si hardi de découvrir ni de déceler le secret des affaires de la monarchie qu'à ceux qui ont été reçus et passés du serment.

III. Qu'aucun mion ne soit passé du serment, qu'au préalable il n'ait été reconnu affectionner l'Argot ni être trolleux.

IV. A été aussi ordonné que les Argotiers soutime qui bieront demander la tune, soit aux lourdes ou dans les entifles, ne se départiront qu'ils n'aient été refusés neuf mois, sous peine d'être bouillis en bran, et plongés en lance jusqu'au proye.

Aux dits états généraux, on procède premièrement à l'élection d'un grand Coëre, ou bien on continue celui d'auparavant, qui doit être un marperu ayant la majesté comme d'un monarque, ayant un rabat sur les courbes, à tout dix milles pièces diverses colorées et bien cousues, un bras, jambe ou cuisse demi-pourris en apparence, qu'il ferait bien guérir en un jour s'il voulait. Après l'élection, le grand-Coëre commandera à tous les Argotiers nouveaux venus, de se mettre à quatre pieds contre la dure, puis s'assied sur l'un d'iceux ; lors les cagous, la tronchenne, viennent faire hommage à sezière, puisqu'ils sont continués, ou d'autres mis à leur place: après l'hommage on s'assied contre le grand Coëre, et on met une saliverne auprès de sezière pour recevoir les tributs de ceux qui en doivent ;

puis chacun, de quelque condition qu'il soit, vient rendre compte de sa vocation, et premièrement :

Des Cagous.

LES cagous sont interrogés, s'ils ont été soigneux de faire observer l'honneur dû au grand-Coëre ; s'ils ont montré charitablement à leurs sujets les tours de métier, s'ils ont dévalisé les Argotiers qui ne voulaient reconnaître le grand Coëre, et combien ils leur ont ôté ; car ce qu'on ôte aux gueux qui ne veulent reconnaître que floutière le grand Coëre, tout est déclaré de chenaste prise, tant leurs hardes que leur michon, si en trimant par les vergnes et grands trimars, ils n'ont pas rencontré quelques rebelles et criminels d'état ; car ceux qui ont une autre intention que celle ordonnée par le grand-Coëre, sont déclarés perturbateurs du repos de l'état ; si quelques-uns sont trouvés, ils sont menés aux états généraux, et là punis en la forme qui s'ensuit. Premièrement on lui ôte toutime son frusquin, puis on urine dans une saliverne de sabre avec du pivois aigre, une poignée de marron et un torchon de frétille, et on frotte à sezière tant son proye, qu'il ne démorfie d'un mois après. Voilà la charge des cagous, qui, pour la peine qu'ils ont, ne fichent aucun michon au grand-Coëre ; ils participent au butin des dévalisés, et ont pouvoir de trucher sur la toutime.

Des Archi-suppôts de l'Argot.

Les archi-suppôts sont ceux que les Grecs appellent philosophes, les Hébreux scribes, les Latins sages, les Egyptiens prophètes, les Indiens gymnosophistes, les Assyriens chaldéens, les Gaulois druides, les Perses mages, les Français docteurs. En un mot, ce sont les plus savans, les plus habiles marpeaux de toutime l'Argot, qui sont des écoliers débauchés, et quelques ratichons, de ces coureurs qui enseignent le jargon à rouscailler bigorne, qui ôtent, retranchent et réforment l'Argot ainsi qu'ils veulent, et ont aussi puissance de trucher sur le toutime, sans ficher quelque floutière.

Des Orphelins.

Les orphelins sont ces grands mions qui triment trois ou quatre de compagnie; ils bien trucher le mensu, c'est-à-dire, trucher sans aucun artifice; ils fichent par chaque an deux menées de ronds au grand-Coëre.

Des Marcandiers.

Marcandiers, sont ceux qui bient avec une grande hane à leur côté, avec un assez chenastre frusquin et un rabas sur les courbes, feignant d'avoir trouvé des sabrieux sur le trimar, qui ont été leur michon toutime: ils fichent au grand Coëre un rusquin par an.

Des Riflés ou Riffaudés.

Riflés ou Riffaudés, sont ceux qui triment avec un certificat qu'ils nomment compte leur bien : ces rifles toutime menant avec sezailles leurs marquises et mignons, feignant d'avoir eu de la peine à sauver leurs mions du rifle qui riflait leur creux : souvent leurs certificats sont apostés, et les font faire par quelque ratichon qui bien sezaille ; ils fichent par an au grand Coëre quatre combriez.

Des Millards.

MILLARDS, sont ceux qui trollent sur leur audosse de gros gueulards ; ils truchent plus aux champs qu'aux vergnes, et sont haïs des autres Argotiers, parce qu'ils morfient ce qu'ils ont tous seuls, et ne font pas la charité aux autres frères ; quand ils sont rencontrés des autres il faut se battre, on leur ôte leur michon, et bien souvent leur marquise, font semblant de zerver quand on les emmène, mais en leur cœur en sont bien aises, parce que la plupart d'icelles ne sont que ponifles, et jamais ne piaussent aux creux ou castur du grand Havre, ni piolent où ils savent qu'il y a des Argotiers piaussés : ils font troller à leurs marquises des empaves qu'ils étendent sur la fretille de quelques grenasses, et là, piollent et roupillent gourdement ; ils font les pitieux devant les palors qui leur fouquent du fondant, du duresme et d'autres nécessités. C'est de ceux de cette condition qu'il s'en trouve le plus de rebelles à l'état ; et ceux qui obéissent fichent aux cagous un demi-rusquin, qui le trollent aux états généraux, et ils rendent compte au grand-Coëre.

Des Malingreux.

MALINGREUX, sont ceux qui ont des maux ou plaies, dont la plupart ne sont qu'en apparence; ils truchent sur l'entife, c'est-à-dire, ils feignent d'aller les uns à Saint-Main, les autres feignent avoir voué une messe en quelque part; quelquefois sont gros, enflés, et le lendemain il n'y paraît que floutière. Ils morfient gourdement, quand ils sont dans les pioles. Ils fichent deux combriez au grand-Coëre.

Des Piètres.

Les piètres sont ceux qui truchent sur le bâton rompu, qui ont les jambes et les bras rompus, ou qui ont mal aux pâturons et qui bient avec des potences : ils fichent demi-rusquin par an.

Des Sabuleux.

SABULEUX, sont ceux qu'on appelle vulgairement malades de St.-Jean, dont il y en a plus de faux que de véritables : ils s'amadouent avec du sang, et prenant du savon blanc en la bouche, ce qui les fait écumer; ils triment ordinairement aux boules et frémions, et au long des entiffes, où ils se saboulent gourdement, et émeuvent tellement le monde à pitié qu'ils font geler en leur comble force michon, dont ils bient morfier et aquiger grande chère aux piolles franches et aux castus. Ceux-là fichent le plus au grand-Coëre, et lui obéissent le mieux.

Argot. 3

Des Callots.

CALLOTS, sont ceux qui sont teigneux véritables ou contrefaits: les uns et les autres truchent tant aux entisses que dans les vergnes pour trouver de quoi faire guérir leur teigne, et seraient bien marris qu'elle fût guérie. Ils eussent pris le sieur Théodore de Bèze pour leur patron, parce qu'il a autrefois été celot; mais à cause qu'ils ne l'ont point trouvé au calendrier romain, ils n'en ont point voulu, et aussi à cause qu'un jour, à Paris, il se voulait jeter dans la rivière de Seine pour se noyer, avec un sien cousin, à cause qu'ils avaient trop de mal à se faire guérir leur teigne, comme lui-même témoigne en une épitre écrit à son ami Vernard: ceux-là fichent sept ronds au grand-Coëre.

Des Coquillards.

COQUILLARDS, sont les pèlerins de Saint-Jacques, la plus grande partie sont véritables et en viennent; mais il y en a aussi qui truchent sur le coquillard, et qui n'y furent jamais, et qu'il y a plus de dix ans qu'ils n'ont fait de pain-beni en leur paroisse, et ne peuvent trouver le chemin pour retourner en leur logis, ils ne fichent que floutière au grand-Coëre.

Des Hubins.

HUBINS, sont ceux qui se disent avoir été mordus des loups ou chiens enragés; ils tirment ordinairement avec une luque, com-

me ils bient à S¹.-Hubert, ou qu'ils en viennent, qu'ils fichent ratichons, pour le re-
commander dans les entiffes. Ils fichent un ra-
got au grand Coëre.

Des Polissons.

Polissons sont ceux qui ont des frusquins
qui ne valent que floutière; en hiver,
quand sigris bouesse, c'est lorsque leur état est
le plus chenâstre, les rupines et marquises leur
fichent, les unes, un georget, les autres une
lime ou haut-de-tire, qu'ils entrolent au barbaudier du castu, ou à d'autres qui les ven-
lent abloquir; ils trollent ordinairement à leur
côté un gueulard avec une rouillarde pour mettre le pivois, entervent bravement à attrimer
l'ornie; il s'en trouve une grande quantité aux
états, et fichent deux ragots par chaque an-
née au grand-Coëre.

Des Francs-mijoux.

Sont ceux qui sont malades ou qui font
semblant de l'être; on les nomme les éca-
meus; ils bient appuyés sur un sabre, et ban-
dés par le front, faisant les trembleurs. Ils ne
fichent que cinq ronds au grand-Coëre.

Des Capons.

Capons, sont les écrivains de la triperie,
dont la plupart sont crasseux de henne et
doubleuz. Ils ne sortent guère des vergnes, ils
truchent dans les pioles, où ils sont souvent
aux aguets pour mouchailler; s'ils trouveront
quelque chose à découvrir pour le doubler.

Ils ne fichent que floutière aux états car ils ne triment point.

Des Courteaux de Boutanches.

Courteaux de boutanches, sont des compagnons d'état, dont les uns ne maquillent que durant l'hiver, quand le gri bouesse, l'été étant venu, disent: fy de maquillage, qui est mion de pontifle que à maître, voici les cassantes, les verdouses et les calvins qui sont chenastres: les autres ne maquillent point en hiver, mais trollent sur leurs courbes tous les outils dont on se sert en leur métier, afin que la colle en soit en leurs vergnes à bellander; lorsqu'on leur dit qu'ils aillent maquiller, ils rouscaillent qu'il n'y a pas de boutanches de leur état en la vergne, car ils disent être d'un autre métier qu'ils ne sont pas, et qu'ils savent qu'il n'y en a point dans la vergne; la plus grande partie d'iceux sont haïs des autres Argotiers, parce qu'ils sont frolleux, et sur la balle des frères, quand ils sont en quelques boutanches à maquiller.

Des Convertis.

Les convertis sont ceux qui changent de religion; je n'entends ici parler de ceux qui, véritablement pour le repos et la tranquillité de leur conscience, se convertissent sans fraude ni dissimulation; je veux donc rouscailler de ceux qui feignent de se convertir pour la truche. Quand savent un excellent prédicateur, ils bient le trouver, et lui rouscaillent ainsi: Mon père, je suis de la religion, et tous mes parens ausssi, j'ai ouï quelqu'unes de vos prédications qui m'ont touché, je voudrais bien que vous m'eussiez un peu éclairci. Alors il se passe deux ou trois luisans en conférence, puis il faut faire profession de foi en public; puis sept à huit luisans durant ils se tiennent aux lourdes des entiffes et rouscaillent ainsi: Messieurs et dames, n'oubliez pas ce nouveau catholique, apostolique et romain: le haure sait comme il grêle en leur comble; car il n'est pas mion de chenastre mère, qui ne leur fiche de la thune : sont soigneux à tirer une luque ou certificat de celui qui les a reçus, et ensuite ils s'enquièrent où demeurent quelques marpeaux pieux, rupins et marcandiers dévots, qu'ils bient trouver en leur creux, déclarant leurs nécessités; alors ces chenastres personnes, riffodées de l'amour du haure, et très-joyeuses de cette conversion, leur font venir de très-chenastres thunes, et c'est la plus chenastre thune de toutime l'Argot; et s'ils affutent ainsi les catholiques, ils en font de même aux huguenots; car il y en a qui trollent deux sortes de luques, les unes pour ficher aux ratichons dans les entonnes, et les autres aux babillards et anciens de la prétendue, qui leur fonquent de grosses thunes; mais il y en eut un qui fut bien affûté, pensant avoir deux luques; car il perdit la plus chenastre. C'est un Hollandais, qui, étant venu en notre vergne, saintement ou véritablement, se voulut convertir, il bia trouver un chenastre cornet d'epice, et rouscailla à sezière, qu'il voulait quitter la religion prétendue peur attrimer la catholique. Le chenastre patron le reçut charitablement, puis il l'interrogea pendant quelques luisans, dont une entr'autres, il demanda à sezière, s'il n'avait pas quelques luques de son babillard; il répondit qu'oui, et mit la louche en sa felouze, et en tira une, et la ficha au cornet d'épice pour la mouchailler; et quelques luisans après qu'il eut aquigé profession de foi, il demanda sa luque au patron, qui rouscailla à sezière, qu'il l'avait aquigée riffodée. La haure sait combien cet Hollandais fut fâché; car me rencontrant, il me rouscailla: Ah! pilier que gitre été afluré gourdement, car le cornet d'épice a riffodé ma luque où étaient les armoiries de la vergne d'Amsterdam en Hollande; j'y perds cinquante grains de rente. Je le dis pour y avoir assisté. Ceux-là sont des mignons du grand-Coëre, et ne fichent que floutière.

Des Drilles ou Narquois.

DRILLES ou narquois, sont des soldats qui truchent la flamme sous le bras, et battent en ruine les entiffes et tous les creux de

vergnes : ils planssent dans les pioles, morfient et pictent gourdement que toutime en
bourdonne : ils ont fait banqueroute au grand-
Coëre, et ne veulent pas être ses sujets ni le
reconnaître ; ce qui est une grande perte et
a beaucoup ébranlé l'état et la monarchie
argotique. Une autre chose, qui a beaucoup
gâté et presque renversé la monarchie, c'est
que tous ceux du doublage, les casseux de
banc, les rabatteux, les sabrieux et autres
doubleux de serment de la petite flamme, ne
pouvant vivre de leur état, et d'ailleurs mouchaillent les Argotiers, avaient toujours de
quoi morfier, voulurent lier le doublage avec
l'Argot ; c'est en un mot joindre les larrons avec
ceux qui mendient leur vie ; à quoi s'oppo-
sèrent les bons rables archi-suppôts avec
les cagous, ne voulant pas permettre un
si grand malheur. Mais on a été contraint
d'admettre les susdits doubleux en la monarchie, excepté les sabrieux qu'on n'a pas voulu
recevoir : tellement que, pour être parfait
Argotier, il faut savoir le jargon de blèches et
merciers, la truche comme les gueux et la
subtilité des coupeurs de bourse.

Après que les anciens Argotiers ont rendu
compte de leurs vocations, les nouveaux venus s'approchent et fichent ronds en la saliverne, puis on leur fait faire les sermens en cette
sorte.

Premièrement, ils mettent au bout de leur

sabre dans la dure, puis on leur fait lever la louche gauche et non la droite, parce qu'ils disent que c'est une erreur de cour, puis rouscaillent en cette manière: *J'attrime en trepeligour*; puis de rechef, *trepeligour de tour*.

Après on leur fait promettre et jurer de rendre obéissance au cagou de leur province, auquel ils sont baissés en charge pour leur apprendre les tours du métier.

Or cependant qu'on interroge les susdits Argotiers, les marquises du grand-Coëre et des cagous, ont soin d'allumer le riffe et faire riffoder la criolle; car chacun fiche son morceau. Des uns fichent une courbe de morve, les autres un morceau de rouastre, d'autres un morceau de cornant, d'autres un échine de baccon, les autres des ornies et ornichons. Tellement que, quand toutes leurs pièces sont rassemblées, ils ont de quoi faire un chenastre banquet, avec des rouillardes pleines du pivois et du plus chenastre qu'on puisse trouver; puis ils morfient et pictent si gourdement, que toutime en bourdonne.

Après que les états sont finis, chacun se départ, et les cagous bient en la province qui leur a été ordonnée, et emmenèrent avec sezière leurs apprentifs, pour les apprendre et exercer l'Argot. Premièrement, leur enseigneut à aquiger de l'amadoue de plusieurs sortes, l'une avec de l'herbe qu'on nomme éclaire, pour servir aux francs-mijoux, l'autre avec du coulant, du sang et un peu de graisse, pour servir aux malingreux et aux piètres.

Après ils leur enseignent à aquiquer certaines graisses pour empêcher que les hubins les grondent, et ne mènent pas de bruit quand ils passent par les villages; ils trollent cette graisse dans leur gueulard en une corne, et quand les hubins la sentent, ils ne leur disent mot, au contraire font fête à ceux qui la trollent.

Et après ils leur apprennent à faire dix mille tours, comme le porte le docteur Fourelle, en son livre de la vie des gueux, où il rapporte plusieurs histoires, entre lesquelles est celle-ci.

Il y avait eu un certain tourniquet un gripis qui ne fichait jamais que floutière aux bons pauvres; le cagou du pasguelin d'Anjou résolut de se venger, et de lui jouer quelque tour chenastre. Pour y parvenir, approchant du tourniquet, il divise sa troupe en deux, et fait trimarder la moitié par derrière le creux, et l'autre par devant, qui bient demander la thune à la lourde du gribis, et qui aquige une querelle d'allemand, et s'entrebattent ensemble : le gribis sort après sa marquise et sa cambrouse pour mouchailler ces Argotiers qui se battaient ensemble, et pendant cela les autres qui étaient par derrière, dans le creux, et doublent de la batouze, des limes, de l'artie et autres choses qu'ils trouvent et puis doucement happent les taillis et bient attendre ceux qui se portaient sur le grand trimar. Il raconte encore plusieurs autres histoires, comme celle d'un, qui monta avec des tire-fonds à une potence, pour couper le bras d'un pendart, et s'en servir en une grande houle de la vergne de Niort. D'un autre, qui contrefit l'opérateur en un pipet, et trompa la rupine qui lui avait prêté son gallier et foncé du michon pour ablonquir des drogues de la vergne de Saumur, pour guérir son marquant qui avait grand mal à son gibre : et plusieurs autres que je laisse pour n'être pas prolixe.

DIALOGUE

De deux Argotiers, l'un Polisson et l'autre Malingreux, qui se rencontrent juste à la lourde d'une vergne.

Le Malingreux.

La haute t'aquige en chenastre santé.

Le Polisson.

Et tezière aussi, fanandel, où trimardes-tu?

Le Malingreux.

En ce pasquelin de Berry, on m'a rouscaillé que trucher était chenastre ; et en cette vergne fiche-t-on la thune gourdement ?

Le Polisson.

Quelque peu, pas guère.

Le Malingreux.

La police y est-elle chenastre?

Le Polisson.

Nenni: c'est ce qui me fait ambier hors de cette vergne; car si je n'eusse eu du michon, je fusse cosni de faim.

Le Malingreux.

Y a-t-il un castu dans cette vergne?

Le Polisson.

Jaspin.

Le Malingreux.

Est-il chenu?

Le Polisson.

Pas guère: les pioles ne sont que de fretille.

Le Malingreux.

Le barbaudier du castu est-il francillon? Se dit-il de la fourcandière?

Le Polisson.

Que flontière; mais en tirant vers les cornets d'épices, il y a trois ou quatre pioles ou pioliers qui la solissent sont francillons: mais d'où viens-tu? qu'y a-t-il de nouveau?

Le Malingreux.

Que floutière, sinon qu'un de nos frères a affûté un rupin.

Le Polisson.

Et comment cela ?

Le Malingreux.

C'est qu'un de ces luisans, un marcandier alla demander la thune en un pipet, et le rupin ne lui ficha que floutière : il mouchailla des ornies de balle qui morfiaient du grenu en la cour ; alors il ficha de son sabre sur la tronche à une, il l'abasourdit, la met dans son gueulard, et l'entrolle : puis quand il fut dehors, il écrivit contre la lourde ce qui suit :

Si le rupin eût fiché du michon au marcandier, il n'eût pas entrollé son ornie.

Le rupin sortant dehors vit cet écrit, il le lut, mais il n'entervait que floutière ; il demanda au ratichon de son village ce que cela voulait dire, mais il n'entervait pas mieux que sezière.

Il arriva que je trimardais juste la lourde de ce pipet, j'avisai cet écriteau, et commençai à le lire : une cambrouze de pipet me mouchaillait, et en avertit le rupin, parce que je riais en le lisant ; le rupin me demanda, disant : Viens-ça, gros gueux, qu'est-ce que tu lis contre ma porte ? Alors

je mis le comble en la louche, et lui répondit :
Monsieur, c'est que ce bon pauvre qui vous
demanda l'aumône un de ces jours, à qui
vous ne donnâtes rien, a écrit que, si vous
lui eussiez donné quelque chose, il n'eût
pas emporté votre poulet d'Inde. Alors le rupin en colère, jura par la tronche du haure
que s'il attrapait jamais des trucheurs dans
son pipet, il leur ficherait cent coups de sabre sur l'andosse; et mezière de happer le taillis, et ambier le plus gourdement qu'il me fut
possible.

Le Polisson.

Le haure garde de mal le frère, puisqu'il a
un si bel esprit.

Le Malingreux.

Veux-tu venir prendre de la morfe et plaus-
ser avec mezière en une des pioles que tu m'as
rouscaillé ?

Le Polisson.

Il n'y a ni rpuds, ni herplis, ni broque
en ma felonze ; je vais piausser en quelque gre-
nasse.

Le Malingreux.

Encore que n'y avez du michou, ne lais-
sez pas de venir, car il y a deux menées de
ronds en ma hane, et deux ornies en mon
gueulard, que j'ai égraillées sur le trimar ;
bions les faire riffoder, veux-tu ?

Le Polisson.

Girolde, et béni soit le grand haure, qui m'a fait rencontré si chenastre occasion, je vais me réjouir et chanter une petite chanson.

CHANSON DE L'ARGOT,

PROPRE A DANSER EN ROND,

Sur l'Air : *Donne vos, donne vos*, etc.

Entervez, marques et mions.
J'aime la croûte de parfond,
J'aime l'artie, j'aime la crie,
J'aime la croûte de parfond.

    Au matin, quand nous nous levons,
J'aime la croûte de parfond ;
Dans les entonnes trimardons,   J'aime.

    Ou aux creux de ces ratichons,
J'aime la croûte de parfond ;
Nos luques nous leur présentons,   J'aime.

    Puis dans les boules et frémions,
J'aime la croûte de parfond,
Cassons des hanes si nous pouvons,
J'aime l'artie, j'aime la crie, etc.

Puis quand nous avons force michons,
J'aime la croûte de parfond,
Dans les pioles les dépensons,   J'aime.

 Aussi au soir quand arrivons,   J'aime.
Dans le castu où nous piaussons,   J'aime.
Les barbaudiers sont francillons,   J'aime.
Fort riffoder nos ornichons.

 Avec nos marques et mions,
J'aime la croûte de parfond ;
Tous ensemble les morfions,
J'aime l'artie, j'aime la crie, j'aime, etc.

Le Malingreux.

Si tu veux trimer de compagnie avez mezière, nous aquigerons grande chère, je sais bien aquiger les luques, engrailler l'ornie, casser la hane aux frémions, pour épouser la fourcandière, si quelques roveaux me mouchaillent.

Le Polisson.

Ah ! le haure garde mezière, jamais je ne fus fourgouy ni doubleux.

Le Malingreux.

Ni mezière non plus, je rouscaille tous les luisans au grand haure de l'oraison.

FIN.

(48)

CONDÉ.

J'ITRE mouchaillé le babillard, qui se bagoule Dictionnaire argotique, maquillé par M. B. H. D. S., l'un de nos archi-suppôts, et l'itre toutime babille, je n'y itre mouchaillé floutière de vain et otépinière de chenu, pourquoi j'itre foncé condé de la cartauder. A Turcan en jaune de la longue qui boule, P. F., cagou du grand Coëre.

IMPRIMERIE DE ROD.-HENRI DECKHERR A MONTBÉLIARD.

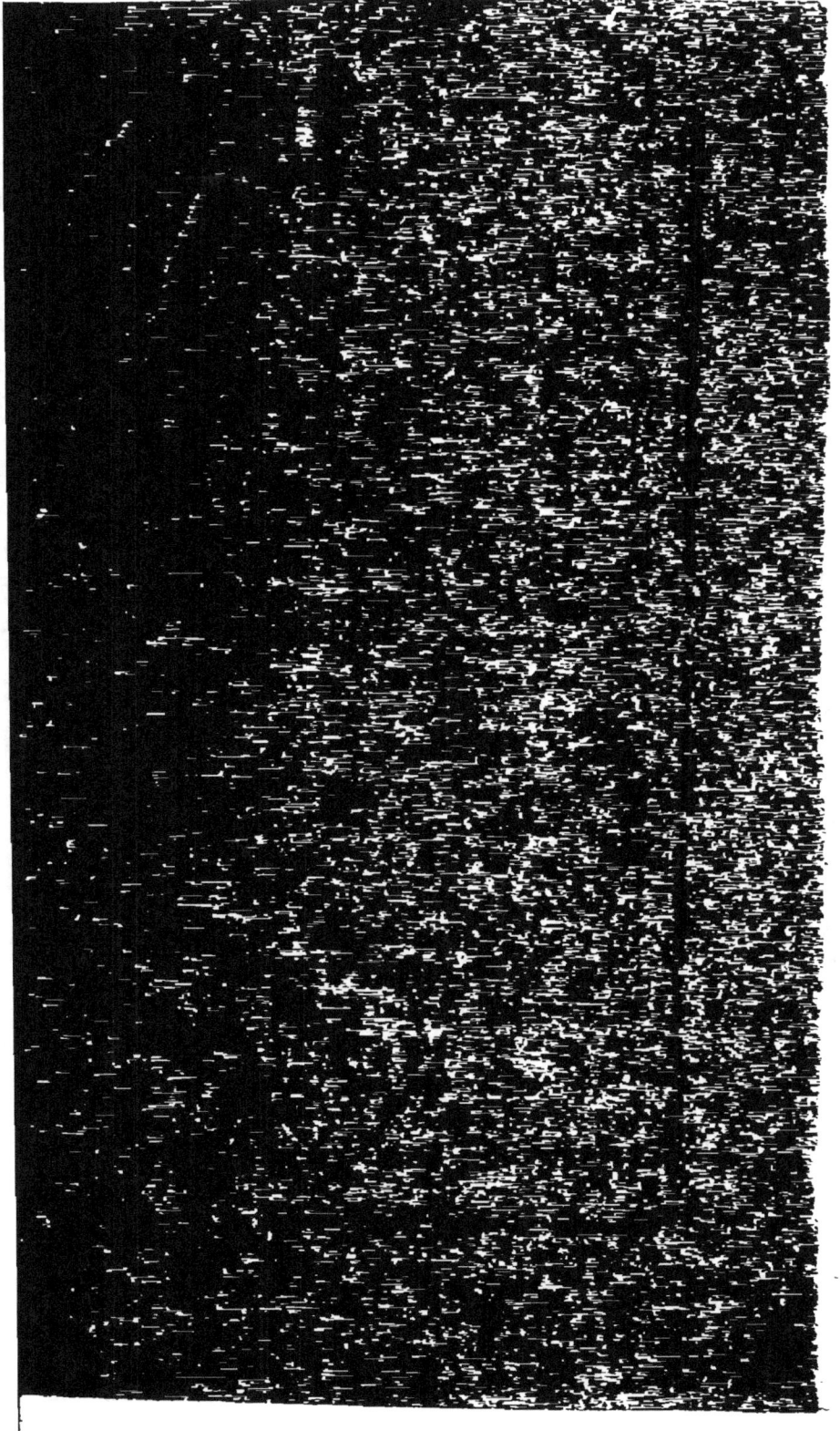

On trouve à la même adresse :

Pierre de Provence et la belle Maguelone
Bergère des Alpes, suivie de Cécile
Histoire du Juif-Errant
La Maîtresse fidèle, histoire nouvelle
Amusement curieux et divertissant
Histoire du Bon Homme Misère
Nouveau Secrétaire
Cabinet de l'éloquence
Instruction à l'usage des grandes filles
Sans Chagrin, ou le Conteur amusant
Patience de Griselidis, marquise de Saluces
Passe-temps des gens d'esprit
Discours et Bouquets burlesques
Sermon en Proverbes
Misère des Maris
Le Facétieux Réveille-Matin
Histoire de Louis Mandrin
Histoire du fameux Cartouche
Explication des Songes
Histoire de Jean de Paris, roi de France
Éloge funèbre de Michel Morin
Histoire de Richard Sans peur
Histoire véritable de Robert le Diable
Histoire du fameux Gargantua
Secrets des Secrets de nature
Histoire des Trois Bossus de Besançon

www.ingramcontent.com/pod-product-compliance
Lightning Source LLC
LaVergne TN
LVHW020043090426
835510LV00039B/1376